Heinz-Joachim Draeger

Von Koggen und Kaufleuten

Eine Hansestadt im Mittelalter

BOYENS

Für Avoni und Bertram

Unveränderte Neuausgabe

Druck und Bindung: BELTZ Bad Langensalza GmbH, Bad Langensalza

ISBN 978-3-8042-1429-3

Printed in Germany

Einleitung

Wer sich heute – ob mit Auto oder Bahn – einer norddeutschen Hansestadt nähert, sieht wohl noch ihre Kirchtürme aufragen wie vor 600 Jahren, ein mittelalterliches Stadtbild wird er jedoch nicht mehr vorfinden. Vielleicht gibt es noch das eine oder andere Stadttor und ein Stück Mauer, auch mögen einzelne Häuser die Zeiten überdauert haben, aber bei näherem Hinsehen lässt sich schnell erkennen, dass sie vielfach verändert wurden und anderer Nutzung dienen. Aus Namen wie *Grapengießerstraße, Weberstraße, Böttcherstraße* kann man wohl entnehmen, welche Handwerker einst dort ansässig waren, aber die mit Autos verstopften Straßen erschweren die Vorstellung, wie man hier im Mittelalter gelebt hat. Kirchen und Rathaus haben noch am ehesten ihr altes Aussehen bewahrt, doch der Geist, der in ihnen herrscht, ist ein anderer. Nicht nur, dass mit der Reformation die Heiligen aus den Gotteshäusern verbannt wurden, auch die Besucher sind andere, vielfach Touristen und nicht Gläubige; und im Rathaus residiert nicht ein hochweiser Rat, sondern Kommunalpolitiker kümmern sich um die Belange der Stadt. Wir bedauern diese Entwicklung nicht, es ist unsere Welt, und dennoch schleicht sich manchmal ein bisschen Sehnsucht nach der *guten alten Zeit* in unser Gemüt. Mittelaltermärkte und Ritterturniere werden veranstaltet, Hansetage wieder belebt, und wer einen Segeltörn auf einer nachgebauten Hansekogge mitmachen konnte, schwärmt lange davon. Aber war es wirklich eine *gute* alte Zeit?

Dieses Buch versetzt uns in eine mittelalterliche Hansestadt um 1400. Es ist keine benennbare Stadt, auch das Leben in ihren Mauern und vor den Toren trägt allgemeine, zeittypische Züge und ist damit nicht, von wenigen Ausnahmen abgesehen, nur auf Norddeutschland zu beziehen. Der Betrachter kann sich ein Bild machen von den Zuständen und Lebensbedingungen und sie in Beziehung setzen zu seinen eigenen. Insofern will das Buch zum Nachdenken anregen, aber es will auch erfreuen, weil es auf den figurenreichen Bildern zahllose Einzelheiten und lebendige Szenen zu entdecken gibt.

Der Autor hat auf Reisen in die Hansestädte, beim Besuch von Museen und Ausstellungen zum Thema, beim Durchsuchen von Bildern und Texten nach geeigneten Motiven und Informationen Mappen voller Skizzen und Notizen zusammengetragen. Daraus hat er in oft mühevoller Kleinarbeit die großen Bilder gestaltet; mühevoll, weil es auf viele Fragen keine oder nur ungenaue Antworten gibt, und unser Wissen lückenhaft bleiben muss, wo Zeitdokumente fehlen. Um diese Lücken zu füllen, muss man die Phantasie zu Hilfe nehmen, da weiße Flecken im Bild stören würden. Ein Maler muss Farbe bekennen, der Verfasser eines Textes hat es oft leichter.

Die Texte zu den Bildern beschreiben nicht nur, sie geben auch Hintergrundinformationen und zeigen Zusammenhänge auf, da man nur sieht, was man weiß. In diesem Sinne können sie hilfreich sein.

Auf beschwerlichen Wegen

Endlos weit und in einem unbeschreiblich schlechten Zustand sind die Frachtwege über Land. Bis zur Erschöpfung quälen sich oft Mensch und Tier mit den schweren Wagen durch knietiefen Schlamm. Nur im Schritttempo kommt man voran. In dunklen Wäldern liegen Räuberbanden auf der Lauer, sie kennen keine Gnade, wenn es um reiche Beute geht. Landesherren fordern Wegezoll, häufig auch gewaltsam. Hält sich ein Wagen nicht an die vorgeschriebene Wegstrecke oder berührt die Ladung den Boden, weil der Wagen umkippt, im Morast versinkt oder ein Rad bricht, wird sofort das Handelsgut beschlagnahmt. Diese Raubritter sitzen auf ihren Turmhügelburgen, den *Motten*, und warten nur darauf, den Kaufleuten das Leben schwer zu machen. Sie führen oft einen regelrechten Kleinkrieg mit den Städten, da sie deren Gesetze nicht anerkennen. Außerhalb der Landwehr, die das Stadtgebiet in weitem Umkreis mit dichten Dornenhecken schützt und die Durchlässe mit Türmen sichert, gilt nur das Recht des Stärkeren. Deswegen schicken die Kaufleute ihre Waren selten allein auf die Reise, meist sind es ganze Wagenzüge, die von Bewaffneten begleitet werden.

An der Steinbrücke muss Halt gemacht werden; ohne Brückenzoll an den Burgherrn zu zahlen, darf man den Fluss nicht überqueren. Auch die Boote, die unter dem Bogen hindurchfahren wollen, werden zur Kasse gebeten. Der Wasserweg ist für den Transport von Waren nicht immer sicherer, aber gelegentlich etwas bequemer und schneller, wenn nicht gerade zu viel oder zu wenig Wasser die Weiterfahrt behindert. Die Reise flussaufwärts ist stets beschwerlicher als mit dem Fluss, denn gegen die Strömung kann man das Boot oder den Prahm nur durch Staken fortbewegen oder mit Hilfe von Treidelpferden vom Uferweg aus. Stehen keine Zugtiere zur Verfügung, müssen sich Leinenzieher in die Taue legen. Zur Stadt hin, flussabwärts, kann man bei günstigem Wind auch das Segel zu Hilfe nehmen, deswegen werden an der Brücke oft Waren von den langsamen Ochsenkarren auf die schnelleren Segelprahme umgeladen. Auch die Einbäume leisten gute Dienste, aber sie können nur wenig Ladung transportieren.

Der Eseltreiber, selbst hoch bepackt, hat noch einen ermüdenden Fußmarsch mit seinem störrischen Tier vor sich, ehe er ans Stadttor gelangt. Die Pilger mit ihren langen Wanderstäben streben einem fernen Wallfahrtsort zu, wo sie auf Erlösung von Sündenschuld hoffen. Eine Kogge soll sie übers Meer ihrem Ziel näher bringen. Im schäbigen Gasthaus am anderen Ufer werden sie aber zunächst um einen erfrischenden Trunk bitten und ein wenig verschnaufen.

In der Ferne grüßen schon die Türme der reichen Hansestadt, hinter deren Mauern man sich endlich geborgen fühlen kann.

Die Hansestadt

Wie herrlich ist sie anzuschauen, die reiche Hansestadt! Der schiffbare Fluss verbindet sie mit dem nahen Meer, so konnte sich schon früh der Handel mit fernen Ländern entwickeln. Kaufleute, Handwerker und viele andere fleißige Hände schufen im Laufe von fast zwei Jahrhunderten dieses blühende Gemeinwesen.

Im sicheren Schutz der Stadtmauer mit ihren Wehrtürmen konnte Haus um Haus entstehen, wuchsen in jahrzehntelanger Arbeit immer höhere Kirchen über die Dächer empor. Bettelorden gründeten Klosteranlagen in der aufstrebenden Stadt. Fromme Mönche leben nun dort, sorgen mit Gebet und Predigt für das Seelenheil, sammeln Almosen, pflegen Kranke und unterrichten die Jungen. In Nonnenklöstern finden unverheiratete Mädchen Aufnahme. Wie das Hospital zum Heiligen Geist mit seinem Kupferdach dürfen auch die Klosterkirchen keine himmelstürmenden Türme haben, lediglich zierliche, spitze Dachreiter für die Gebetsglocke.

Ein Netz von Straßen und Gassen verknüpft den Markt im Zentrum mit dem Hafen und den Stadttoren; so gelangen die Waren, die auf dem Wasser und auf den Landwegen herangeschafft werden, schnell zu den Bewohnern der Stadt oder auf die Speicherböden der Handelsherren.

Das Rathaus am Markt ist mit kleinen Türmchen reich ausgestattet, sie zeigen stolz an , dass von hier aus die Stadt regiert wird. Die reichen Kaufleute bilden den Rat. Er hat dafür zu sorgen, dass niemand in der Stadt verhungern und verdursten muss.

Wind- und Wassermühlen mahlen das Korn. In den hohen Turm der *Wasserkunst* am Mühlensteg wird das kostbare Nass mit großen Schöpfrädern gehoben und über Fallrohre in hölzerne Wasserleitungen gepresst. So werden weite Teile der Stadt mit Wasser versorgt, aber gelegentlich auch mit den Rückständen aus Schlachthäusern und Walkmühlen wenige Meter flussaufwärts.

Die Kaufleute haben Schiffbauer, Seiler, Ankerschmiede und Segelmacher angeworben. Diese bauen auf den Werften die Koggen und Prahme und statten sie aus. Im schmalen Hafenbecken drängen sich die Schiffe.

Die Ziegelmacher haben viel zu tun, denn Backsteine und Dachziegel braucht man in ungeheuren Mengen. Da es hier keine Steinbrüche gibt, aus denen man Baumaterial gewinnen kann, müssen immer neue Tongruben ausgehoben werden. Die Brennöfen glühen Tag und Nacht.

Im Schutz der Landwehr können die Bürger unbesorgt ihr Vieh weiden sowie ihre Äcker und Gärten bestellen. Auch die Fischer können in aller Ruhe ihre Netze auswerfen, denn der Fluss ist mit Türmen und Sperrbäumen gegen feindliche Angriffe gesichert.

So kann die Hansestadt blühen und gedeihen. Ihr Anblick lässt jedes Herz höher schlagen.

CONCORDIA DOMI FORIS PAX

Vor dem Stadttor

Die wehrhaften Stadttore sind der Stolz der Bürger. In Friedenszeiten stehen sie tagsüber jedermann offen, nur nachts werden sie verschlossen. Besucher freuen sich über die schön gegliederten Schauseiten, Feinde aber fürchten die engen Durchlässe, die drohenden Schießscharten in den dicken Mauern und den tiefen Graben. Nein, leicht könnten Angreifer die Stadt nicht erobern! Bisher hat es auch niemand versucht, dennoch sind die Bewohner auf der Hut. Reiter und Bogenschützen halten sich durch fleißiges Üben ständig kampfbereit, im Notfall werden sie die Stadt tapfer verteidigen.

Der Tag, an dem sie öffentlich zeigen müssen, was sie können, ist ein großer Festtag, ein aufregendes Ereignis für Jung und Alt. Auf dem Turnierplatz ist der Vogel auf der hohen Stange das Ziel für die Bogenschützen. Die prächtigen Gewänder für Ross und Reiter, die bunten Zelte und Fahnen machen das Ritterturnier auch zu einer Augenweide. Vor den schön gekleideten Damen und dem Preisgericht zeigen die vornehmen Reiter gern ihren Mut und ihre Geschicklichkeit. Gefährlich ist die drehbare Holzfigur, denn sobald der Schild von der Lanze des herangaloppierenden Ritters getroffen wird, schleudert die schwere Eisenkugel blitzschnell herum; Wendigkeit ist dann oberstes Gebot.

Dem Kampf Mann gegen Mann im großen Stechen fiebern schon alle entgegen, aber noch ist es nicht so weit, drum fechten die Jungen auf der Spielwiese ihre eigenen kleinen Turniere aus. Ritterspiele sind bei ihnen sehr beliebt. Wenig ritterlich behandeln sie aber den armen Geisteskranken. In seinem Verschlag, der *Tollkiste*, ist er dem Gespött und den Angriffen der Kinder hilflos ausgesetzt. Sie glauben, wie die Erwachsenen auch, er sei von bösen Geistern besessen und habe es nicht besser verdient.

Grausam geht es vor dem Tor zu, wenn ein Verbrecher hingerichtet wird. Meist im Morgengrauen drängen sich dann die Zuschauer um den Köpfelberg. Schwingt der *Rote Hans* das Richtschwert, kneift mancher die Augen zu; dabei ist das Köpfen noch ein ehrenwerter Tod im Vergleich zum Hängen oder Rädern, denn die Leichen am Galgen und auf dem Rad werden nicht begraben, sie vermodern dort oben zur Abschreckung und Mahnung.

Wie unheimlich ist der Ort! Hier wohnt der Scharfrichter am Schindanger, hier erinnert das Sühnekreuz an einen Mord, und die Aussätzigen klappern mit ihren Bettelkästen hinter der Mauer des Siechenhauses, wenn jemand vorüberkommt. Nur die Wegekapelle des St. Georg suchen die Reisenden gern auf, denn sie wollen den Heiligen um Beistand bitten.

Welch ein Leben und Treiben vor dem Stadttor!

Auf der Straße

In der Nacht hat ein Feuer im Viertel der armen Leute gewütet. Mehrere Häuser sind abgebrannt. Gottlob konnte der Schaden in Grenzen gehalten werden, da die meisten Dächer schon mit Ziegeln gedeckt sind. Früher, als es noch viele Holzhäuser mit Stroh- und Schindeldächern gab, fiel mehrfach die ganze Stadt den Flammen zum Opfer.

Jetzt geht das Leben wieder seinen normalen Gang. Zwar rauchen die Ruinen noch, aber im Brauhaus ZUM ENGEL wird schon kräftig im Biersud gerührt, denn Dünnbier ist für Jung und Alt das einzige Getränk. Das Wasser aus den Brunnen schmeckt erdig, und aus der Wasserleitung tropft manchmal auch nur eine schmutzige Brühe. Häufig sind die Verbindungen der Holzrohre undicht oder die Hausanschlüsse verstopft. Nicht immer können Arbeiter gleich für Abhilfe sorgen. Die Leute nehmen kaum Notiz von dem aufgegrabenen Loch in der Mitte, zu sehr sind sie daran gewöhnt, auch müssen sie aufpassen, wo sie hintreten, denn die Straße ist nicht gepflastert, und die Holzbohlen sind uneben, verschmutzt und glatt.

Obwohl die Ratsherren immer wieder die sorgfältige Reinigung der Straßen fordern, schütten viele Anwohner Unrat einfach in die Gosse oder häufen Stalldung vor dem Haus auf. Hühner und Schweine laufen frei herum und suchen nach Fressbarem, man läßt sie gewähren, denn die Tiere beseitigen Abfälle und sorgen damit für etwas mehr Sauberkeit.

Die Badestube ZU DEN WEISSEN TÄUBCHEN neben dem Backhaus ist bei allen beliebt, nur die Pfaffen wettern gegen den Sündenpfuhl, denn Männlein und Weiblein sitzen gemeinsam im Schwitzbad und in den Holzwannen und lassen sich zudem mit Speis und Trank verwöhnen. Meist geht es hier feucht und fröhlich zu; der Bader schneidet aber auch Haare und lässt zur Ader, das zeigen die drei Schalen seines Aushängeschildes an. Mit einem Hornsignal lädt er zum Warmbad ein.

Wie prächtig die farbig geschlämmten Giebelfronten mit Treppen und Zinnen, mit hochragenden Spitzbogenblenden und glasierten Steinen auch ausgestattet sind, in den Häusern gibt es weder behagliche Wärme noch Gelegenheit zum Baden; von den niedrigen Fachwerkbuden und feuchten Wohnkellern ganz zu schweigen! Sie bieten nicht einmal den nötigen Raum zum Leben. Am liebsten arbeitet man vor der Tür oder steht auf dem Beischlag in der Sonne. Der Stolz des Hauses sind die steinernen Beischlagwangen.

Die Ärmsten der Armen, die Krüppel und Bettler, schleppen sich durch den Kot der Straßen und bitten um Almosen; die Franziskanermönche in ihren grauen Kutten tun das auch, sie aber haben wenigstens ein Dach über dem Kopf und leiden keine Not. Nach dem nächtlichen Brand wird es wieder mehr Bettler geben. Die vielen Kinder kümmert das wenig, für sie ist die Straße ein Spielparadies.

Im Kaufmannshaus

Im Haus des Kaufmanns herrscht reges Leben und Treiben. Die Fracht für eine Kogge wird zusammengestellt. Da werden eifrig Ballen mit Tuchen geschnürt, große Fässer mit Wein gerollt, kleinere mit teuren Gewürzen gefüllt und vom Schüttboden zahlreiche Getreidesäcke abgeseilt. Pausenlos dreht sich das große Windenrad unter dem Dach. Auf der geräumigen Diele türmt sich die Ware. Die Packer und Träger haben viel zu tun.

Im Gewölbekeller rechnet der Kaufmann mit dem Schiffer ab, während sein Gehilfe in der Schreibkammer neben der Haustür die Frachtpapiere ausstellt. Vom Herdfeuer mitgeheizt, ist wenigstens dieser Raum im Haus warm, denn wenn die Tinte nicht fließt, laufen auch die Geschäfte nicht gut.

Die Frau des Kaufmanns unterweist den ältesten Sohn im Umgang mit den verschiedenen Währungen. Wenn er auch in der Lateinschule gut aufpasst, wird er bald übers Meer fahren dürfen, um im auswärtigen Kontor für seinen Vater die Geschäfte zu führen.

Seine kleine Schwester schaut der Amme im *Saal* beim Spinnen zu, auch will das neugeborene Brüderchen gewiegt werden. Die Wohnräume im schmalen Anbau zum Hof hin sind nur mit wenigen Möbeln ausgestattet. Truhen, Bank und großes Bett reichen aus. Kommen Gäste, wird eine Tafel als Tisch aufgestellt. Vor allem die schön bemalten Wände, kostbare Kissen und Behänge zeigen den Wohlstand.

Knechte und Mägde haben es nicht so behaglich, ihr Schlafplatz liegt unter dem zugigen Dach oder irgendwo auf den rauchigen Speicherböden. Der Rauch, der vom großen Herdfeuer aufsteigt, hängt in dicken Schwaden unter den Dielenbalken, räuchert die Schinken und zieht irgendwann durch die Ritzen im Dach ab. Auf seinem Weg dorthin beizt er das Korn und schützt es vor Ungeziefer, die Ratten kann er aber nicht vertreiben.

Der Keller im Anbau ist an eine arme Witwe vermietet. Sie haust dort in Rauch, Nässe und dem Gestank von der nahen Kloake. Diese liegt auch nicht weit vom Ziehbrunnen auf dem Hof entfernt, so gelangen Krankheitskeime leicht durch das Erdreich ins Wasser, das man im Haus benötigt, aber die Menschen ahnen das nicht, Seuchen nehmen sie gottergeben als Sündenstrafe hin.

Gesund und angenehm ist das Leben im Kaufmannshaus gewiss nicht, wenn der Wind durch die offenen Holzluken pfeift, der Rauch den Atem nimmt, die Dunkelheit sich auch durch die rußenden Kerzen nicht vertreiben lässt und die Kälte aus allen Wänden kriecht. Aber seinen Besitz und seine Stadt würde der Kaufmann als guter Bürger stets verteidigen, dazu stehen im Keller Rüstung und Waffen bereit,wie es der Rat verlangt.

In den Werkstätten der Handwerker

Alle Handwerker sind in Zünften, auch Ämter genannt, zusammengeschlossen, sie haben sich an die strengen Auflagen des Rates zu halten, damit jeder Betrieb sein Auskommen findet und die Qualität gewahrt bleibt.

Von Sonnenaufgang bis Sonnenuntergang arbeiten Meister, Gesellen und Lehrjungen, manchmal auch die Frau Meisterin in den Werkstätten oder am Markt.

Der *Schuhmacher* hat reichlich zu tun, denn Schuhe und Stiefel sind auf den schmutzigen Straßen schnell durchweicht und aufgetragen. Mit hohen Holztrippen kann man das Schuhwerk zwar etwas schonen, aber im knietiefen Schlamm nützen sie gar nichts. Der *Beutler* fertigt bunte Lederbeutel an. Da es in der Kleidung keine Taschen gibt, trägt sie jedermann am Gürtel, zur Freude der Taschendiebe und Beutelschneider; sie lauern im Gedränge auf eine Gelegenheit, sie abzuschneiden. Der *Gerber* steht stundenlang über den Schabebaum gebückt im Wasser des Flusses und schabt Haare und Fett von der Kuhhaut. Viele Arbeitsschritte sind noch nötig, zum Beispiel das Walken und Glätten, ehe aus dem stinkenden Fell wohlriechendes Leder wird.

Der *Goldschmied* verarbeitet Gold und Silber zu prachtvollen Kelchen und Gehäusen für die Kirche. Die reichen Kaufleute lassen sich kostbares Gerät und wertvollen Schmuck anfertigen. Die Kirchen und Klöster haben großen Bedarf an Altären und Heiligenfiguren. Aus hartem Eichenholz kann der *Bildschnitzer* mit seinen scharfen Eisen auch liebliche Madonnen mit faltenreichen Gewändern herausarbeiten. Die Produkte des *Kerzenziehers* und *Seifensieders* aus Rindertalg sind nicht so kunstvoll und langlebig, ständig muss er für Nachschub sorgen.

In der Werkstatt des *Webers* entsteht zunächst grobes Tuch, das der *Tuchscherer* mit seiner großen Schere dann zu verfeinern hat, indem er die aufgerauten Fasern abschneidet.Die Beschauherren prüfen streng die Qualität, ehe sie die begehrte Marke anheften. Der *Schneider* verarbeitet die Stoffe weiter zu modischen Gewändern. Besonders die feinen Damen legen Wert darauf, dass sie sich von anderen durch ihre kostbare Kleidung abheben.

Behälter aller Art werden in der Stadt gebraucht, die Handwerker stellen sie aus unterschiedlichen Materialien her. Die Kaufleute fordern Fässer in allen Größen vom *Böttcher* an, damit sie ihre Waren sicher transportieren können. Aus Holzbrettchen, den Dauben, kann er aber auch andere Behältnisse fertigen. Der *Töpfer* versteht es, auf seiner Drehscheibe feuchte Tonerde zu kunstvollen Kannen, Schüsseln und Töpfen zu formen. Setzt er den runden Töpfen kleine Füßchen und einen Griff an, so entstehen die beliebten Grapen. Der *Grapengießer* weiß, wie leicht diese beim Gebrauch am Herd zerbrechen, deswegen verwendet er geschmolzene Bronze, die er in Formen gießt. Seine Grapen können sich aber nur reiche Leute leisten.

Der Schuhmacher

Der Beutler

Der Gerber

Der Goldschmied

Der Weber

Der Böttcher

Der Bildschnitzer

Der Tuchscherer

Der Töpfer

nmacher und Seifensieder

Der Schneider

Der Grapengießer

Auf dem Markt

Im Zentrum der Stadt liegt der Markt. Das Rathaus mit seinen Bogengängen begrenzt ihn an zwei Seiten. Die beiden anderen werden von festen Handwerker- und Geldwechslerbuden gesäumt. Auf dem Markt selbst stehen nur Verkaufsstände und Tische, die man leicht wieder abbauen kann, denn der Platz wird auch für Feste genutzt.

Heute ist Markt- und Gerichtstag. Das Niedergericht tagt in der Laube unter dem Rathaus. Die geladenen Schöffen werden ein gerechtes Urteil finden, doch stehen harte Strafen auf Vergehen gegen den Marktfrieden. Ein Verurteilter erwartet an der Schandsäule die Rutenhiebe des Nachrichters, die nicht nur kurze Zeit schmerzen, sondern auch zeitlebens entehren. Neugierig und schadenfroh wartet die Menge auf das grausame Schauspiel.

Handel und Wandel werden von der Obrigkeit genau kontrolliert. Die ehrbaren Kaufleute, aber auch die des Lesens und Schreibens oft unkundigen Käufer sollen sich darauf verlassen können, dass alles seine Ordnung hat. Alle Wagen mit Kaufmannsgut müssen zunächst an der Ratswaage Halt machen, dort werden die Waren gewogen, Preise und Abgaben genau festgelegt.

Streit um rechtes Maß und Gewicht kann leicht aufkommen, denn jede Stadt hat andere Werteinheiten. An einem Pfeiler des Rathauses kann man im Zweifelsfall das geeichte Maß zu Hilfe nehmen. Das letzte Wort hat jedoch immer der Marktvogt mit seinem langen Stab.

Das Angebot auf dem Markt ist sehr vielfältig. Hier gibt es Hüte, dort bunte Knöpfe, Gürtel und Schnallen. Die Pilger halten nach einer neuen Gebetskette Ausschau, die Hausfrauen nach Holztellern, Gläsern und Messern. Auch Tontöpfe, Körbe, Felle und Leder finden ihre Abnehmer.

Fluss und Meer liefern Fische in reicher Auswahl. Die Bauern bringen Gemüse, Hühner, Gänse und Ziegen zum Markt. Die Brot- und Fleischbänke unter dem Rathaus sind immer reich gefüllt, und für den verwöhnten Gaumen gibt es auch teure Gewürze.

Es ist wirklich für jeden etwas dabei, sofern er genug Geld im Beutel hat. Das aber hat längst nicht jeder, und so spenden gelegentlich wohlhabende Bürger Brot und Bier für die Armen und lassen eine warme Mahlzeit aus der Garküche verteilen. Wenn dazu die Spielleute Dudelsack und Trommel ertönen lassen oder Späße machen, ist es für das Elendsvolk fast wie im Paradies.

Wie die Hölle fürchtet jeder den Gang zum Zahnbrecher. Mit seiner großen Zange packt er gnadenlos zu. Die Nichtbetroffenen lachen und spotten, Angstschweiß aber steht den Wartenden auf der Stirn. Auch der Rattenfänger verbreitet Schrecken mit seinem Auftritt. Wüssten die Leute, dass die Ratten schuld an der Pest waren und nicht die Juden, sie würden ihm anders begegnen!

Aber wer denkt schon an Pest und Tod angesichts des lebendigen Markttreibens!

Im Rathaus

Ein Hansetag in ihren Mauern ist für die Stadt ein Ereignis von herausragender Bedeutung.

Im prächtigen Hansesaal sind die Vertreter der befreundeten Städte diesmal fast vollzählig versammelt, denn eine Gesandtschaft aus dem fernen Burgund hat sich zu Verhandlungen über wichtige Handelsabkommen eingefunden. Mit ihrer modischen höfischen Tracht erregen die Eintretenden allgemeines Aufsehen.

Die Tuchhalle, das *Gewandhaus*, ist die Keimzelle des Rathauses. Hier trafen sich von jeher die reichsten Kaufleute, vorwiegend die Tuchhändler, und besprachen alle wichtigen Fragen miteinander. Zum Bürgermeister oder Ratsherrn kann auch heute nur gewählt werden, wer zu dem erlesenen Kreis der wohlhabenden Familien gehört. Handwerker und Kleinkaufleute dürfen nicht mitbestimmen, sie sind nicht *ratsfähig*, aber der Zutritt zum Gewandhaus ist ihnen nicht verwehrt.

Dieses ist Lager und Kaufhaus zugleich. Hier findet man die feinsten Seiden- und Wolltuche in allen erdenklichen Mustern und Farben. Die Fernkaufleute schaffen die Ware vor allem aus Flandern heran und verkaufen sie weiter bis nach Nowgorod in Russland; aber auch die reichen Bürgersfrauen sind begeisterte Kundinnen, und mancher „betuchte" Ehemann muss tief in den Beutel greifen, um ihre Wünsche zu erfüllen.

Einen Anlass, sich in den neuesten und prächtigsten Gewändern zu zeigen, bietet das Fest der ratsfähigen Familien und ihrer Gäste im städtischen *Tanzhaus*. So nennt man den größten Saal im Rathaus. Für die Wandbespannung sind die Farben Weiß und Rot ausgewählt worden. Das Ratssilber glänzt im Licht der vielen Kerzen, die Ratsmusiker spielen auf, und in feierlich langsamem Zug schreiten die vornehmen Damen und Herren im Kreis. Gegen den Kleiderluxus werden zwar immer wieder einschränkende Vorschriften erlassen, sie gelten aber meist nur für die niederen Stände, um sie auf Abstand zu halten. Schweigend nimmt das Stadtvolk die neu erlassenen *Willküren*, wie man die Ratsanordnungen nennt, entgegen. Mehrmals im Jahr werden diese vom Balkon des Rathauses öffentlich verlesen. Wer sich nicht daran hält oder sich gar gegen den hochweisen Rat empört, muss mit Bestrafung rechnen.

Manche meinen, dass die Herren des Rates nur in die eigene Tasche wirtschaften und sich am köstlichen Wein im Ratskeller laben, doch sie irren. In Wirklichkeit erledigen diese ihre zahlreichen verantwortungsvollen Aufgaben ohne jede Bezahlung. In der Kanzlei zum Beispiel müssen Urkunden und Verträge aufgesetzt und von Schreibern vervielfältigt werden. Steuereinnahmen, die das Stadtsäckel füllen, werden in der Kämmerei gewissenhaft verbucht, die Ausgaben ebenso, und ein Hansetag macht mehr Arbeit, als mancher sich träumen lässt.

Am Kirchenneubau

Zur Ehre Gottes und zum Ruhme der Stadt bauen die Bürger ein weiteres riesiges Kirchengebäude in den zeitgenössischen Stilformen der Gotik. Der bescheidene romanische Vorgängerbau mit seinen schwer lastenden Gewölben, den dicken Mauern und den winzigen rundbogigen Fenstern darin war zu klein geworden, auch schien er den meisten nicht mehr gut genug für die Verehrung des heiligen Nikolaus, des Schutzpatrons der Seefahrer.

Den Neubau begann man vor vielen Jahrzehnten im Osten, um bald einen Altar im Chorraum aufstellen zu können. Während dort schon lange Gottesdienste abgehalten werden, fiel ein alter Gewölbeteil nach dem anderen der Spitzhacke zum Opfer. Jetzt ist man beim letzten *Joch*, so die Fachsprache der Baumeister, angekommen. Polternd stürzen die Steine in die Tiefe. Sie werden aber bald wieder verwendet werden, denn Baumaterial ist teuer.

Die Trauergemeinde, die einen Toten in feierlicher Prozession zur letzten Ruhe auf dem Friedhof geleitet, nimmt den Lärm gar nicht wahr, aber auch die Werkleute der Bauhütte lassen sich durch die frommen Gesänge nicht von ihren Tätigkeiten abhalten, zu alltäglich ist solches Geschehen.

Vornehmer Besuch hat sich eingefunden, und man lässt sich vom Bauleiter den Fortgang der Arbeit erläutern.

Hoch und scheinbar schwerelos erhebt sich das neue Mittelschiff über die Seitenschiffe. Die Gewölbe werden jetzt ganz anders konstruiert. Auf hölzernen Bogengerüsten verlegt man zunächst eine Reihe Formsteine, sie bilden gewissermaßen die Rippen, zwischen denen dann die leichten Gewölbekappen aufgemauert werden. Zusammen mit dem Einsatz von spitzen Bögen kann der Druck an einem Punkt gebündelt und nach außen über Strebebögen und -pfeiler abgeleitet werden. Dieses Verfahren bietet vielfältigere Möglichkeiten des Gewölbebaus. Dicke Mauern sind nicht mehr nötig, um die Gewölbe zu stützen, stattdessen kann man die riesigen Fensteröffnungen mit bunten Glasgemälden schließen.

Bis zur endgültigen Fertigstellung wird noch viel Zeit ins Land gehen, und die Bauleute müssen kräftig zupacken. Es gibt Hebevorrichtungen, die die Arbeit erleichtern, die Männer im Tretrad geraten dabei aber gehörig ins Schwitzen. Steine und Mörtel werden weiterhin mühsam über Leitern auf die ungesicherten Gerüste geschleppt. Es ist sehr gefährlich, dort oben zu arbeiten, immer wieder kommt es zu Unglücksfällen. Am Boden ist man auch nicht untätig, da werden Säcke mit Kalk abgeladen, wird Mörtel gemischt. Aus geraden Eichenstämmen beilt man Bohlen und schneidet Dachsparren. Große Feldsteinblöcke werden behauen, um die Turmkanten zu sichern. Das ist keine künstlerische Bildhauerarbeit wie an den Kathedralen Frankreichs. Nein, im Gebiet der Backsteingotik gelten andere Bedingungen! Die Bauten entstehen jedoch aus der gleichen Gesinnung: Sie dienen Gott zur Ehre.

In der Kirche

Weihrauchduft erfüllt den Kirchenraum. In den hohen, schön ausgemalten Gewölben hallt der Gesang der Priester nach. Herrlich leuchten die farbigen Fenster und erzählen den gläubig staunenden Menschen Geschichten der Bibel.

Von der goldenen Tafel des Flügelaltars schaut der Weltenrichter herab. Ist der Ausdruck seines Gesichtes nun strafend oder verzeihend? Wird man beim Jüngsten Gericht vor seinem Blick bestehen können? Das sind Fragen, die alle zutiefst bewegen. Die Geistlichen werden nicht müde, den Stadtbewohnern ins Gewissen zu reden. Diese sind verunsichert, beichten ihre Sünden, versprechen, sich zu bessern, und opfern Geld und Gut, um ihr Seelenheil zu retten: Sie fördern den Kirchenbau nach Kräften, stiften Altäre, kostbare Priestergewänder und Kerzen; auch lassen sie Messen lesen, damit ihre verderbten Seelen nicht so lange im Fegefeuer gereinigt werden müssen. Sich mit den Heiligen gutzustellen und sich ihrer Fürbitte und ihres Schutzes zu versichern, ist ratsam. Die Schiffer wenden sich an St. Nikolaus mit seinem Bischofsstab. Wer St. Christophorus anschaut, den beschützt er auf der Reise und vor plötzlichem Tod. Die heilige Katharina erkennt man am Rad, sie hilft besonders gern den Jungfrauen. Bei Unwetter, Feuergefahr und in der Sterbestunde ist Barbara nicht weit, und weil sie einen kleinen Turm mit sich führt, vertrauen auch die Baumeister auf ihren Beistand.

Der Tod ist allgegenwärtig; täglich begegnet man ihm in der Stadt, und jeden fordert er eines Tages zum Tanz auf, ohne Ansehen der Person und des Standes, das weiß man; aber die Menschen haben ihn besonders fürchten gelernt, als mit der Pest das große Sterben durch Europa zog und ganze Landstriche entvölkerte.

Viele bemühen sich, ein Gott wohlgefälliges Leben zu führen. Sie kleiden und speisen die Armen, pflegen die Alten und Kranken oder gehen auf Pilgerfahrt. Sie hoffen, dass ihre guten Taten ins Gewicht fallen, wenn St. Michael am Jüngsten Tag die Seelen wägt. Ihrem Einzug in die strahlende Himmelsstadt steht dann nichts mehr im Wege.

Wehe aber denen, die sich der sieben Todsünden schuldig machen! Zorn, Geiz und Neid, Eitelkeit, Unzucht und Faulheit und die böse Fress- und Sauflust stehen auf brüchigem Boden. Ehe man sich's versieht, haben einen die Teufel gepackt und in den Höllenrachen gezerrt. Da hilft kein Singen und kein Beten mehr.

Das wird den Bürgern der Hansestadt ständig von den Geistlichen in den schrecklichsten Farben ausgemalt. Der einzige Trost ist, dass diese offenbar selbst nicht alle daran glauben, denn in den Augen der Leute sind gerade *sie* die größten Sünder. Wie dem auch sei, im geheimnisvoll leuchtenden Kirchenraum wähnt sich jeder dem Himmel ein Stück näher.

Am Hafen

Am Hafen gibt es viel zu sehen. Schwer beladene Koggen mit ihren rotweißen Segeln kommen und gehen. Schniggen und Schuten, die kleinen Küstenfahrzeuge, liegen dicht gedrängt am schmalen Anlegeplatz vor der Hafenmauer. Die größeren Koggen werden in der Flußmitte über Prahme be- und entladen, weil das Wasser in Ufernähe zu flach ist.

Um für ihren Kampf gegen die Seeräuber Unterstützung bei den Hansestädten einzufordern, haben Ritter des Deutschen Ordens mit einem *Holk* hier Station gemacht. Dieser neue Schiffstyp ist geräumiger als eine Kogge, und mit seinem runden Vordersteven sieht er auch anders aus. Vorder- und Achterkastell sind als Kampfplattformen vergrößert. Dennoch haben die Koggen nicht ausgedient, immer neue werden auf den Werften am anderen Ufer gebaut. Die Bodenplanken werden in der so genannten Kraweelbauweise nebeneinander gesetzt, während die Planken, die die Bordwände bilden, dachziegelartig übereinander genagelt werden. Die Fachleute sprechen von Klinkerbauweise. Mühsam ist das Zuschneiden der dicken Bretter und schwierig das Zurechtbiegen für den bauchigen Rumpf, aber mit Wasserdampf und schweren Steinen gelingt es den erfindungsreichen Schiffbauern. Sie haben auch das Heckruder entwickelt und damit die Wendigkeit der Koggen erheblich gesteigert.

Vor dem Hafentor herrscht immer geschäftiges Treiben. Der Kran nimmt den Trägern viel Arbeit ab, denn die schweren Fässer werden gleich aus dem Schiffsbauch auf den Wagen gehoben, das meiste muss jedoch auch weiterhin geschleppt, geschoben, gerollt oder gezogen werden, ob es nun Ballen, Fässer oder Stockfischbündel sind. Die Kaufleute sind auf die Träger und deren Zuverlässigkeit angewiesen, ohne sie käme der Handel völlig zum Erliegen.

Angelandetes Handelsgut muss zunächst gewogen oder vermessen werden, ehe man es in die Speicherräume schafft. Das Stapelrecht der Stadt verlangt außerdem, dass auswärtige Schiffer ihre Koggen ganz entladen und die Ware drei Tage zum Verkauf anbieten, erst dann dürfen sie weiterreisen. Das bringt viel zusätzliche Arbeit für Schiffsbesatzungen und Träger, für den einheimischen Kaufmann aber in der Regel einen satten Gewinn.

Meist bleibt für die Schiffsleute wenig Zeit zur Erholung. Ihre Mahlzeiten dürfen sie nicht an Bord zubereiten wegen der Brandgefahr, deswegen kochen sie über einem Feuerchen am Kai ihr karges Mahl, oder sie eilen gleich in das nächste Wirtshaus. Dort geht es wenigstens lustig zu: Bierkrüge schäumen, Dirnen kreischen und Fäuste fliegen. Das ist was für richtige Männer!

Den frommen Pilgern vor dem Tor ist dieses gottlose Treiben zuwider. Sie lauschen andächtig den Worten des Priesters, der ihnen vor Antritt der gefährlichen Reise übers Meer seinen Segen erteilt.

Übers Meer

Wie heult der Sturm, wie himmelhoch türmen sich die grünen Wellen auf und donnern gegen die Felsklippen, wie ist die Luft mit wirbelndem Gischt und mit Nebel erfüllt! Das Meer gleicht in den Augen der Seeleute einem tobenden Ungeheuer, unberechenbar und wild.

Die Koggen werden in der kochenden See hin- und hergeworfen. Obwohl man schon die Segelflächen verkleinert hat, sind diese bis zum Bersten gespannt. Wehe dem Schiffer, dem das Segel reißt oder der Mast bricht! Wenn auch das Ruder dem Druck der Wogen nicht standhält, kann nur noch St. Nikolaus helfen. Hat aber der Heilige kein Ohr für die Hilferufe, so sind Schiff und Mannschaft verloren. Die Kogge wird versinken, gegen die Felsen geschleudert oder an irgendeinem flachen Strand von der Brandung zerschmettert werden.

Die Schiffsführer segeln nämlich meist in Küstennähe, da können sie sich mit Hilfe des ausgeworfenen Lots an der Wassertiefe orientieren und auch nach auffallenden Punkten an Land Ausschau halten, um zu erkennen, wo sie sich befinden und wohin sie steuern müssen. In klaren Nächten weisen auch die Sterne den Weg, vielleicht sogar ein Leuchtfeuer; aber dem zu vertrauen ist nicht immer ratsam, es könnte eine Falle von Strandräubern sein.

Die Seeräuber sind eine ständige Bedrohung. Sie lauern in ihren Verstecken hinter Inseln oder in Buchten auf die reich beladenen Koggen, deren Wege sie genau kennen. Die Hansekaufleute haben sich darauf eingestellt und segeln nur noch in größeren Verbänden unter dem Schutz von Bewaffneten; aber das Raubgesindel ist dreist und greift häufig trotzdem an. Wie groß ist dann das Entsetzen, wenn die Piraten mit Gebrüll an Deck drängen, die Haltetaue durchtrennen und wie die Teufel im Gewirr aus Segeltuch und Tauwerk um sich hauen und stechen. Ist die Mannschaft außer Gefecht gesetzt, werden Schiff und Ladung als Beute mitgenommen. Manchmal verrechnen sich die Seeräuber. Kommt ein so genanntes *Fredeschiff* zu Hilfe, das nur mit Kriegsvolk besetzt ist, dann entbrennt ein heftiger Kampf, den die Piraten meist verlieren.

Die Sicherung der Handelswege über See ist ein Hauptanliegen der Hansestädte und ihrer Fernkaufleute, und so können sie es auch nicht hinnehmen, wenn fremde Mächte diese wichtigen Strecken blockieren. Bleiben alle Verhandlungen ohne zufrieden stellendes Ergebnis, dann rüstet die Hanse auch zum Krieg gegen mächtige Königreiche. In so mancher blutigen Seeschlacht haben die Städte bewiesen, dass es ratsamer ist, mit ihnen friedlich Handel zu treiben als böse Händel zu suchen.

Viel Ausdauer, Wagemut und Unternehmungsgeist gehört dazu, allen Widrigkeiten zum Trotz einen so großen Handelsraum wie den der Hanse aufzubauen, zu sichern und über einen Zeitraum von mehreren Jahrhunderten aufrechtzuerhalten. Das aber haben die Kaufleute geschafft, die mit ihren Koggen übers Meer und mit ihren Wagen über Land fuhren.

Kaufleute und Koggen –
Handel und Schifffahrt sind der Inbegriff der HANSE. Sie entstand als eine genossenschaftliche Vereinigung von west- und norddeutschen Fernkaufleuten, die von der Mitte des 12. bis 14. Jahrhunderts den Nord- und Ostseebereich zu einem von ihnen beherrschten Handelsraum ausbauten.
Im Verlauf des 14. Jahrhunderts vertraten zunehmend einzelne Städte die Handelsinteressen ihrer Kaufleute.
Diese Hansestädte – ihre Zahl schwankt zwischen 70 und fast 200 – banden sich durch Verträge und Freundschaften nur locker aneinander, dennoch behauptete sich die HANSE als eine wichtige Handelsmacht über fast vier Jahrhunderte. Auch in politischen Fragen hatte sie ein Wort mitzureden.
Die hansischen Kaufleute sorgten vor allem mit ihren Koggen für den lebenswichtigen und Gewinn bringenden Austausch von Rohstoffen, Nahrungsgütern und handwerklichen Produkten zwischen Ost und West, Nord und Süd.
Im 15. Jahrhundert wurde die Kogge allmählich durch den größeren Holk abgelöst. Später folgten auch dreimastige Schiffstypen. Erst im 17. Jahrhundert hatte sich der HANSEbund überlebt.

Die Hansekogge war ein einmastiges bauchiges Schiff mit einem Rahsegel und Heckruder. Es gab Koggen in unterschiedlicher Größe. Sie lag zwischen 15 und 25 m Länge, 5-8 m Breite und einer Seitenhöhe von 3-5 m.
Die Maßeinheit für die Ladefähigkeit einer Kogge ist die LAST, ursprünglich die Roggenmenge, die ein vierspänniger Wagen transportieren konnte. (2 t) Eine Kogge von 50 LASTEN leistete also so viel wie ein Zug von fünfzig vierspännigen Pferdewagen, nur preisgünstiger und schneller.

Hiermit wird kundgetan,

- dass es diese Hansestadt nie gegeben hat, sie aber wahrheitsgetreu erfunden ist.
- dass diese Menschen nie gelebt haben, aber ihre Lebensbedingungen glaubhaft dargestellt werden.
- dass alle Handlungen ausgedacht sind, sich aber genau so – oder ähnlich zugetragen haben könnten.
- dass der Maler und Erzähler alles nach bestem Wissen aufgezeichnet hat, sich gelegentlich aber geirrt haben kann.
- dass hilfsbereite Fachleute Bilder und Texte geprüft und abgesegnet haben, sie aber auch nicht alles wissen können.

Ihnen sei herzlich gedankt!

Anno domini 2000/1400